MARSEILLE AU XIIIe SIÈCLE

RÉPUBLIQUE DE MARSEILLE

1211-1257

SON ORIGINE — SON ORGANISATION — SA FIN

PAR

E. BRÉMOND

Avocat
Ancien Sous-Préfet d'Aix
Ancien Conseiller municipal d'Aix et de Marseille
et Conseiller général des Bouches-du-Rhône
Membre correspondant de la Société des Sciences, Belles-Lettres et Arts de Toulon
Ex-Conseiller de Préfecture

MARSEILLE
H. AUBERTIN & G. ROLLE, LIBRAIRES-ÉDITEURS
34, rue Paradis, 34

1905

RÉPUBLIQUE DE MARSEILLE

1211-1257

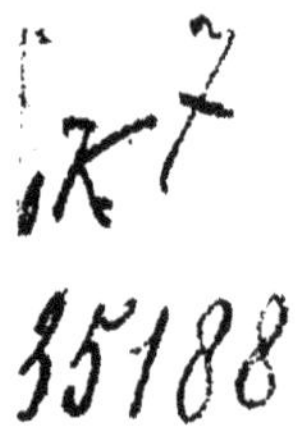

MARSEILLE AU XIIIe SIÈCLE

RÉPUBLIQUE DE MARSEILLE

1211-1257

SON ORIGINE — SON ORGANISATION — SA FIN

PAR

E. BRÉMOND

Avocat
Ancien Sous-Préfet d'Aix
Ancien Conseiller municipal d'Aix et de Marseille
et Conseiller général des Bouches-du-Rhône
Membre correspondant de la Société des Sciences, Belles-Lettres et Arts de Toulon
Ex-Conseiller de Préfecture

MARSEILLE
H. AUBERTIN & G. ROLLE, LIBRAIRES-ÉDITEURS
34, rue Paradis, 34

1905

A M. PEYTRAL

Sénateur des Bouches-du-Rhône
Vice-Président du Sénat

C'est à vous que je dédie ce travail, dans lequel j'ai voulu faire connaître à nos concitoyens une époque de l'histoire de notre ville ; je n'ai pas eu la prétention de faire une œuvre d'érudition, mais de rappeler des souvenirs oubliés et de porter à la connaissance de tous quelques-unes des années glorieuses et néfastes de la seule ville qui, avant 1792, a osé prendre en France le nom de République.

Alors que nous siégions ensemble au Conseil municipal de Marseille et au Conseil général des Bouches-du-Rhône, j'ai pu apprécier votre amour pour notre belle cité.

Je vous prie de ne voir dans cette dédicace que le souvenir d'un ancien et toujours dévoué collègue.

E. Brémond.

PRÉFACE

Malgré les savants travaux de MM. Guizot, Thierry, Henri Martin, Michelet, Sismondi et autres, nous entendons encore souvent répéter ces deux affirmations dans les abrégés des histoires qu'on met dans les mains des écoliers : Clovis a fondé la monarchie ; Louis le Gros a affranchi les communes. N'en déplaise à tous nos professeurs, la monarchie française n'a pas été faite par un homme qui s'appelle Clovis ou Charlemagne, et les communes se sont bien affranchies elles-mêmes, sans l'appui de Louis le Gros et de Philippe-Auguste. On a fait raison de ces mensonges historiques. La France s'est formée par des annexions successives et les communes se sont affranchies par des soulèvements et des insurrections. Si quelquefois elles ont eu recours à la protection du roi de France, seigneur suzerain, elles ne faisaient que changer de maître ; le roi les aidait à secouer le joug du seigneur féodal, mais il prétendait gouverner à son plaisir ses vassaux ainsi affranchis.

Mais si l'on a dégagé de ces erreurs l'histoire des franchises des municipalités du Nord, le même effort n'a pas été fait pour celles du Midi ; le souvenir des anciens municipes était cependant bien plus vivant dans les anciennes colonies grecques et romaines.

Eloignées du pouvoir central, enrichies par le commerce, exaltées par l'exemple des républiques italiennes, les villes du Midi firent des tentatives sinon plus énergiques, au moins plus heureuses et quelques-unes même atteignirent, pour un certain temps au moins, la plénitude de cette organisation républicaine qui était l'idéal auquel aspiraient les communes du Nord et du Midi. Sans vouloir faire ici un tableau général de cette exceptionnelle situation, il nous sera permis de signaler l'importance que put acquérir au XIIIe siècle la République de Marseille et par quels moyens elle parvint à conquérir son indépendance.

Combien de nos concitoyens ignorent qu'à cette époque la ville de Marseille, indépendante et libre, n'obéissait qu'aux lois et aux institutions qu'elle s'était librement donnée elle-même et qui ne le cédaient en rien aux lois des républiques si vantées de la Grèce et de l'Italie ; qu'elle traitait de puissance à puissance avec des princes souverains et que, lorsqu'elle succomba sous la force, elle obtint encore des conditions qui firent d'elle la plus libre des communes de France.

Nous avons voulu signaler cette situation exceptionnelle ; d'autres, nous l'espérons, suivront notre exemple et nous donneront l'histoire des villes d'Arles, d'Avignon, de Nice, de Nîmes ; ils rendront service aux futurs historiens des institutions de la République française. C'est une erreur de croire que tout a été créé par les hommes de 1789. L'organisation des Républiques consulaires du Midi n'avait jamais été oubliée ; la bourgeoisie de Paris n'avait pas perdu le souvenir des États-Généraux de 1314 et de la Grande Ordonnance d'Étienne Marcel ; le peuple se rappelait les insurrections des Bagaudes, les guerres des Paysans. La Ligue avait soulevé des idées démocratiques ; la lutte contre le pouvoir royal persistait sourdement dans les parlements et les corps municipaux, et la révocation de l'Édit de Nantes avait laissé dans quelques provinces de grands germes de mécontentement qui devaient éclore tôt ou tard.

HISTOIRE

DE LA

RÉPUBLIQUE DE MARSEILLE

1211 — 1257

PREMIÈRE PARTIE

I

ORIGINES

Phocée, cité de l'Asie-Mineure, colonie athénienne, établie sur le bord de la mer, ne vivait que de la pêche, du commerce et de la piraterie ; les Phocéens furent les premiers qui entreprirent de longs voyages, ils visitèrent toutes les côtes de la mer Adriatique ; leurs galères à 50 rames longèrent la Méditerranée ; dans leurs courses, ils eurent occasion de relâcher dans la Gaule, aux embouchures du Rhône. Revenus dans leur patrie, ces hardis navigateurs vantèrent si bien la beauté du pays qu'ils venaient d'explorer que le Sénat de Phocée se décida à envoyer une flotte sous les ordres de Simos et de Protis; ils vinrent aborder sur les côtes du pays des Saliens et, naturellement, s'empressèrent de se mettre en rapport avec les habitants du pays. Le premier chef auquel ils s'adressèrent fut Nann, de la tribu des Ségobriges; le jour de leur présentation, Gyptis, la fille du chef, devait choisir un époux en plaçant devant lui, selon la coutume, la coupe de l'hyménée. Entraînée par la bonne mine de l'étranger, Gyptis offrit la coupe à Protis, et Nann confirma son choix; il donna aux nouveaux venus un emplacement formant une péninsule entre deux golfes, abritée contre les vents du nord; l'un d'eux devint le port de la ville qu'ils élevèrent sur le penchant de la colline et qu'ils appelèrent Massalia (Mas des Saliens).

Cela se passait la 1re année de la 45e Olympiade, 159 ans après la fondation de Rome, 599 ans avant la naissance du Christ.

Obligés bientôt de se défendre contre les peuplades voisines, les nouveaux colons demandèrent du secours à la mère-patrie. Phocée ne les refusa pas; elle envoya de plus des outils, des armes, des travailleurs, des plantes, des orangers, des oliviers qui firent la fortune et la prospérité du pays.

Soixante ans plus tard, Cyrus, roi de Perse, après s'être emparé de toutes les villes du continent de l'Asie-Mineure, attaqua les colonies Ioniennes. Les Phocéens refusèrent de se soumettre au joug du conquérant, quittèrent leur patrie et vinrent se réfugier à Olalia, ville qu'ils avaient fondée dans l'île de Cyrnos (Corse). Ils y restèrent cinq ans; mais, comme, fidèles à leurs traditions, ils ravageaient et pillaient les peuples voisins, ceux-ci, les Carthaginois et les Tyrréniens, équipèrent contre eux une flotte de 60 vaisseaux ; les Phocéens en réunirent un pareil nombre et remportèrent contre eux une victoire qu'Hérodote appelle Cadméenne, c'est-à-dire douteuse; après cela, la flotte se divisa: une partie fit voile pour Rhegium d'où elle repartit pour fonder la ville d'Yala (Velie) ; les autres vaisseaux allèrent rejoindre la colonie de Protis et, à dater de ce moment, on put constater l'agrandissement et l'importance de la ville de Marseille.

Ville indépendante et libre, constituée sur le modèle des républiques aristocratiques de l'Ionie, Marseille dut sa grandeur à la sagesse de ses lois, dont les anciens ont fait de si grands éloges. Elles étaient gravées sur des tables d'airain qu'on exposait au coin des rues; vouée au commerce et à la navigation, elle fonda, sur les côtes de la Méditerranée, Toulon, Nice, Antibes, Fréjus, Agde, Empurias ; elle créa, dans l'intérieur du pays, des comptoirs : Trets, Pertuis, Cavaillon, Tarascon, Saint-Remy. Deux de ses navigateurs franchirent le détroit de Gibraltar. Pythéas, longeant les côtes du nord, remonta jusqu'à l'Islande et à la mer

Baltique ; Euthymène, au midi, descendit jusqu'à l'embouchure du Sénégal.

Rivale de Carthage, Marseille fut l'alliée fidèle des Romains ; elle en obtint la cession du port créé par Marius et le pardon de Phocée lorsque les îles de l'Asie-Mineure se révoltèrent ; mais pendant les guerres civiles elle suivit le parti de Pompée, fut prise par César et l'image de Marseille captive figura au triomphe du vainqueur.

A partir de ce moment disparaissent les institutions de la Première République que nous pouvons résumer ainsi : les descendants des fondateurs de Massalia avaient conservé, paraît-il, la direction de la colonie, c'est ainsi qu'on trouve signalée la famille des Protiades ; mais lorsque les nouvelles émigrations eurent augmenté la population, le gouvernement s'était régularisé : la direction avait été remise à 600 sénateurs nommés Timourques. Les membres de ce Grand Conseil devaient avoir des enfants et être citoyens par trois générations ; ils choisissaient entre eux 15 membres chargés de l'administration et parmi ceux-ci trois étaient chargés du pouvoir exécutif ; on les nommait Consuls ou Échevins. Il est probable que le Conseil des 600, nommés à vie, avait été choisi par le peuple assemblé, mais nos annales ne fournissent sur ce point aucun éclaircissement ; nous savons seulement qu'il faisait les lois, votait la paix ou la guerre, nommait les ambassadeurs et prononçait sur toutes les questions politiques ou religieuses ; la masse plébéienne était divisée en tribus; l'esclavage était accepté et reconnu comme en Grèce et à Rome.

Sous la domination des Empereurs romains, sous celle des Barbares du Nord envahisseurs, la ville de Marseille subit des fluctuations dont nous n'avons pas à nous occuper, mais elle continua ses entreprises commerciales et son commerce maritime; peu à peu, cependant, disparut le rôle brillant qu'elle avait joué jusque-là; elle ne fut plus l'Athènes du Midi, comme l'appelait Cicéron, la maîtresse des études, comme disait Pline. Sous les rois Mérovingiens et plus tard sous la dépendance des héritiers de Charlemagne, elle fut successivement comprise dans les partages qui bouleversèrent la Gaule et l'Italie.

Lorsque les grands feudataires cherchèrent à créer des principautés indépendantes, un seigneur, nommé Boson, beau-frère de Charles le Chauve, alors empereur et roi de France et d'Italie, parvint à se faire nommer roi de Provence par une assemblée d'évêques, d'archevêques et de barons du pays, convoqués à Mantaille en 879; plus tard, un autre Boson, fils de Rotbold et d'Ermengarde, fille de Boson Ier, parvint à se faire reconnaître par l'Empereur, comte d'Arles, comte et marquis de Provence; il eut de sa femme Constance trois fils, Guillaume qui lui succéda en 968 comme comte de Provence, Rotbold qui fut comte de Forcalquier, et Pons vicomte de Marseille, sous la condition que ces derniers feraient hommage à leur aîné.

On voit que, contrairement aux traditions du système féodal, le partage se faisait entre enfants, et les vicomtes de Marseille, comptant pour peu les hommages honorifiques, continuèrent à partager entre leurs enfants leurs propriétés et les revenus qu'ils retiraient de leur vicomté de Marseille. A à partir du XIIe siècle, Marseille se trouva séparée complètement de la Provence, qui par le mariage de Douce, fille de Gerbert et de Gilbert d'Arles, avait passé sous la domination des comtes de Barcelone (mariage de Douce avec Raymond Béranger). Quant aux vicomtes, nous allons en suivre la succession en faisant observer que, sauf les redevances qu'ils percevaient, ils n'avaient sur la ville que des droits assez insignifiants et se partageaient les biens de la famille en prenant indifféremment le titre de vicomte. Il y a eu quelquefois deux, trois et jusqu'à cinq vicomtes de Marseille et les droits sur les rentes se partageaient entre eux suivant leurs conventions particulières.

La situation était donc bien nette ; le partage des châteaux et des terres seigneuriales se faisait entre les enfants du vicomte qui conservaient cependant entre eux les redevances de la ville, prenaient chacun le titre de vicomte et possédaient une tour appelée le Tholonet, signe de leur pouvoir et de l'hommage qui leur était dû.

La ville, cependant, sans trop s'inquiéter d'eux, continuait à croître et à s'enrichir, étendait son commerce et aspirait au moment où elle pourrait secouer toute domination et s'administrer elle-même sur le modèle des républiques italiennes.

II

SITUATION DE MARSEILLE

Au commencement du XIIIe siècle, Marseille, enrichie, comme nous l'avons dit, par le commerce et surtout par les transports, était devenue une ville importante et se divisait en trois parties distinctes.

La cité épiscopale, qui comprenait tout ce qu'on a appelé plus tard le quartier de la Joliette depuis la porte Gallique jusqu'à la rue des Grands-Carmes à l'extérieur ; elle était bornée à l'intérieur par les rues Sainte-Marthe, des Belles-Ecuelles, du Panier et la place de Lenche jusqu'au pied de l'hôpital Saint-Jean. Les prisons devinrent plus tard le couvent des Présentines ; trois lieux fortifiés défendaient la ville, le château Babou, Roquebarbe et le Palais épiscopal. Cette partie, peu industrieuse, n'était occupée que par des pêcheurs ; elle était soumise à la juridiction de l'évêque et du Chapitre de la Prévôté, assistés de 4 pêcheurs prudhommes.

Mais la véritable ville commerciale et riche, la véritable Marseille partait au nord des limites ci-dessus fixées et descendait jusqu'au port dit le Lacydon. C'était la ville vicomtale, celle qui consti-

tua au XIIIe siècle la République de Marseille; de l'autre côté du port se trouvait la cité abbatiale sous la dépendance de l'abbaye de Saint-Victor; elle s'étendait sur tout le côté du port; une colonne en pierre placée entre le rempart et le ruisseau qui se jetait dans le port au plan Fourniguier (aujourd'hui la Cannebière) fixait les limites entre la puissante abbaye et la ville basse, propriétaire du port, véritable source de la richesse, véritable porte de la France sur la Méditerranée.

Tout en payant des redevances à ses vicomtes, la ville avait, à l'exemple des républiques italiennes, organisé un gouvernement fédéral sous le nom de Confrérie du Saint-Esprit, dirigée par des frères recteurs ; la ville payait, mais le peuple seul, dans son intérêt, réglait les conditions de la paix et de la guerre, fondait des colonies, entretenait des alliances et des relations privées dans les Echelles du Levant comme Venise, comme Gênes, Pise et Florence. Les croisades avaient considérablement augmenté la prospérité de Marseille ; les croisés venaient en grand nombre s'embarquer dans son port ; ils y payaient des droits de passage, ils y faisaient de nombreux achats, ils y débarquaient leurs marchandises, les relations devinrent fréquentes par suite des voyages continuels des vaisseaux marseillais. L'empereur Baudoin voulut que dans Jérusalem, Saint-Jean-d'Acre et toutes les villes de l'Asie-Mineure, les Marseillais possédassent une église, un four, une rue et fussent exempts de tous droits. Rodolphe, évêque de Saint-Jean-d'Acre, leur donna un château et des maisons ; Conrad leur accorda le droit de négocier dans la ville de Tyr et d'y établir un consul pour les représenter. Cet établissement des consulats dans les villes étrangères est dû aux Marseillais; il ne tarda pas à se répandre et fut imité par tous les peuples navigateurs. Marseille acquit des droits dans l'île de Chypre ; elle possédait tout un quartier dans la ville de Bougie ; elle avait des traités de commerce avec Gaëte, Pise, Gênes et avec le roi Sanche en 1183. Dans toutes ces entreprises, acquisitions et traités, il n'est jamais question des vicomtes de Marseille. La ville négocie, achète, fait des traités de transport, et nomme des consuls ; elle faisait un grand commerce de drap, de soierie, de laine, d'épicerie, de sucre. Marseille rivalisait avec Venise et Florence.

Au milieu de ce mouvement commercial immense et de ces fortunes qui éclipsaient celles des nobles et des seigneurs, les vicomtes se contentaient de percevoir des redevances et de rendre la justice par leurs viguiers dans le château du Tholonet. Le corps municipal, toujours sous le nom de Confrérie du Saint-Esprit, s'était organisé de façon à s'emparer de toute l'administration de la cité ; mais une lutte sourde existait toujours. Cette prétention aux droits seigneuriaux et à l'administration de la justice, la perception d'une partie des revenus du port contrariaient la fierté d'un peuple habitué à traiter avec des rois ou des républiques indépendantes.

Au moment où la Confrérie du Saint-Esprit redoublait ses patriotiques efforts pour faire valoir l'influence et la position de la ville phocéenne, celle-ci cherchait aussi à se débarrasser du lien féodal ; la vicomté se trouvait partagée entre les enfants de Hugues Geoffroi II, vicomte de Marseille, qui étaient au nombre de cinq. Adalasie sa petite-fille, épouse de Raymond des Baux, Mabille qui avait épousé Gérard Adhémar, seigneur de Monteil, Barral dont la fille épousa Hugues des Baux, Raymond Geoffroi, comte de Trets, qui avait deux fils, Geoffroi Reforciat et Burgondion, et enfin Roncelin qui fut en même temps vicomte de Marseille et moine de Saint-Victor. La souveraineté féodale reposait ainsi sur cinq vicomtes avec lesquels la Confrérie du Saint-Esprit se trouvait en relation préparant la libération de la cité. Quelques-uns des vicomtes avaient souvent besoin d'argent qu'on leur accordait toujours ; ils demandaient des avances, d'autres faisaient des emprunts et engageaient à des particuliers leurs droits moyennant des sommes que la ville remboursait toujours.

III

GÉNÉALOGIE DES VICOMTES DE MARSEILLE

Boson, qui fut comte d'Arles, comte et marquis de Provence, laissa trois fils, Guillaume qui fut comte de Provence, Rotbold qui fut comte de Forcalquier, et Pons vicomte de Marseille (968).

Pons, en 1004, laissa deux enfants, Guillaume qui fut vicomte de Marseille, et Honoré, évêque.

Guillaume I laissa deux héritiers, Guillaume II qui garda le titre jusqu'en 1047, Fulco qui mourut sans enfants, et Pons qui fut évêque.

Guillaume eut une nombreuse postérité, Guillaume III qui mourut sans enfants en 1085, Geoffroi I qui prit avec son frère le titre de vicomte jusqu'en 1090, Aycard qui ne laissa qu'une fille, Pierre, dit Saumade, qui hérita de divers châteaux.

En 1090, Geoffroi I restait seul vicomte; il eut comme son père une nombreuse postérité, Guillaume IV dont les trois enfants moururent en bas âge, Hugues Geoffroi qui fut vicomte avec son frère, Pons qui fut seigneur de Peynier et laissa deux enfants dont l'un lui succéda, l'autre mourut en Terre-Sainte.

Hugues Geoffroi, resté seul vicomte à son tour, ne laissa qu'un fils Raymond Geoffroi.

Raimond Geoffroi laissa trois enfants, Hugues Geoffroi II qui lui succéda, Bertrand et Geoffroi dont le sort nous est inconnu, et Pons, dit de Fos.

Hugues Geoffroi laissa à sa mort cinq enfants qui se partagèrent ses biens, suivant des proportions qui nous sont inconnues ; nous savons seulement que chacun portait le titre de vicomte et avait des droits sur les redevances que la ville leur payait ; ce furent ces droits dont elle chercha à s'affranchir et nous avons à faire connaître dans ses détails cette révolution qui se fit sans violence, sans faire couler une goutte de sang, par le seul fait du besoin d'argent, d'une part, et, d'autre part, par la volonté persistante d'un peuple qui sut sacrifier ses richesses pour acquérir le bien suprême : la liberté.

IV

LIBÉRATION DE MARSEILLE

Les vicomtes de Marseille portaient comme les comtes d'Arles de gueule à la croix clichée et pommetée d'or, et comme, par acte de 1178, Raymond Béranger avait reconnu n'avoir sur la vicomté qu'un droit de chevauchée, ils ajoutaient à leur titre *par la grâce de Dieu*, ce qui les fit appeler des roitelets de Provence.

Des cinq enfants de Hugues Geoffroi, le plus

jeune, Roncelin, en 1211, commença l'aliénation du fief ; il était vicomte et en même temps religieux de Saint-Victor ; singulière existence que celle de ce moine et qui nous fait connaître la licence qui régnait dans les couvents du moyen âge.

C'était, dit l'historien Ruffi, un seigneur fort volage et incertain dans ses résolutions, car après avoir porté l'habit de Saint-Benoit dans le monastère de Saint-Victor, par une légèreté indigne d'un homme de son rang, il quitta le cloître, rentra dans la possession de ses biens et se maria avec Adalasie, sa nièce. Le pape Innocent III l'excommunia. Roncelin répudia sa femme, reprit l'habit qu'il avait quitté et alla demander l'absolution à l'évêque d'Uzès. Celui-ci le remit dans le giron de l'église en lui imposant l'obligation d'aller à Rome demander l'absolution papale.

Roncelin partit pour l'Italie, mais il s'arrêta à Pise, se disant malade, et députa Pierre de Monlaur, archevêque d'Aix, et Guillaume, chanoine de Marseille, pour aller supplier le pape de le vouloir absoudre et lui permettre de reprendre son patrimoine.

Sa Sainteté, sur pressantes sollicitations, réfléchissant que Roncelin était fort endetté et que s'il ne reprenait pas son patrimoine ses créanciers pourraient en souffrir, commit l'évêque de Pise pour lui donner l'absolution et le pouvoir de régir ses biens à condition qu'il les partagerait avec ses parents et qu'une portion serait prise pour le monastère et une autre pour le paiement de ses dettes.

Roncelin s'exécuta, il céda à Gérard de Monteil, époux de Mabille, et à Hugues des Baux, époux de Barrale, une portion de ses terres, vendit au monastère de Saint-Victor son château de Jullian au prix de cent livres royales couronnées (1) et engagea à Anselme, gentilhomme de Marseille, une portion de ses droits sur le port au prix de 25.000 sous royaux couronnés (2). Ces deux sommes furent destinées au paiement de ses dettes ; il fit ensuite donation de tout ce qu'il avait encore dans la vicomté, consistant en la 3me partie du château seigneurial et la 6me partie du port, se réservant les censives et droits de leudes, au profit de ses créanciers. Cette donation se fit si secrètement qu'il vendit, deux ans après, aux Recteurs de la Confrérie déjà acquéreurs de la part cédée à Anselme, la même portion au prix de mille livres couronnées. Cette mauvaise foi de Roncelin amena par la suite de grands désordres. Il mourut en 1218.

En l'année 1213, Raymond Geoffroi, le 4me fils de Hugues Geoffroi, vendit aux sieurs Guillaume Vivaux, Jean Sard, Simon Bard et Raymond Sarracène, stipulant pour toute l'université de la Com-

---

(1) La livre royale valait 13 fr. de notre monnaie.
(2) Le sou royal couronné valait 15 sous de notre monnaie.

munauté de Marseille la tierce partie du huitième de tout le domaine seigneurial ou juridiction de Marseille, consistant en cens, trézains, leides sur le port, les eaux, les terres, les pâturages et bois dans Marseille et hors de Marseille. Cette vente fut faite au prix de 300 livres d'or couronnées qui furent payées comptant avec l'assentiment de la femme du vicomte Ismilla qui renonça à la loi Julia sur le fonds dotal et au sénatus-consulte velleien et sous la foi et serment de ses deux fils Geoffroi Reforciat et Burgondion. Cet acte fut passé devant M° Guillaume Bellemont et signé de 10 témoins.

En 1216, un autre acte signé par les mêmes vendeurs constatait la vente à Guillaume Vivaux, Guillaume Marchand, Guillaume de Mura, recevant, au nom de toute l'université de Marseille, tout ce qu'il tenait par indivis dans la ville sous la réserve de la tour du Tholonet, mais en abandonnant tous les droits compris dans le premier acte, plus les droits de domination, fidélité et obligations. Cette fois ils jurèrent sur les Saints Évangiles en présence de 200 témoins. On ne pouvait prendre trop de précautions contre des seigneurs qui vendaient deux fois la même chose. Ce nouveau contrat portait quittance de 148.000 sous royaux couronnés. Marseille était assez riche pour payer deux fois sa libération.

Les mêmes circonstances se trouvent dans les divers traités faits avec Raymond des Baux, mari d'Adalasie, fille de Hugues Geoffroi III, à laquelle appartenait une portion de la vicomté de Marseille. Le 4ᵐᵉ des nones d'avril 1213, Raymond des Baux, tant en son nom qu'au nom de sa femme, cédait la 4ᵐᵉ partie des leides de la cité vice-comtale, deux parts de tous les trézins et censes, etc. Cette vente fut faite au sieur Hugues de Foz et aux siens à perpétuité, moyennant la somme de 80.000 sous royaux couronnés. Adalasie intervenant, un contrat donna son adhésion à la condition que les Recteurs lui donneraient pour épingles 12.000 sous dont l'acte porte quittance. Les frères d'Adalasie signèrent au contrat pour confirmer la vente au cas où quelque droit pourrait leur revenir sur les choses vendues.

On voit que les Recteurs prenaient leurs précautions et cependant en 1214 cet acte fut confirmé, et nous trouvons encore dans les archives de la commune, en 1225, une nouvelle vente faite par Raymond des Baux, sa femme Adalasie, ses deux enfants Bertrand et Guillaume des Baux, au sieur Spigno de Sonzina, podestat de Marseille, moyennant la somme de 10.000 sous. Cet acte nouveau fut encore confirmé, en 1226, à Hugolin de Donedame, podestat, à Guillaume Vivaux et Simon Bernard, stipulant pour la Communauté, mais cette fois, sans augmentation de prix.

Hugues des Baux, époux de la vicomtesse Barrale, toujours à court d'argent, avait emprunté de grandes sommes aux recteurs qui ne les avaient données que dans l'espoir d'en obtenir en échange la part de seigneurie qu'il détenait du chef de sa femme. La chose réussit comme ils l'avaient espéré et Hugues, en 1214, signa la vente de ses droits seigneuriaux à la Communauté de Marseille. Mais ce n'était pas, à ce qu'il paraît, sans arrière-pensée, car nous trouvons plus loin dans l'histoire de Marseille, en 1223, mention d'une transaction pour laquelle Hugues des Baux reçoit de l'université de Marseille la somme de 46.000 sous royaux couronnés pour mettre fin à toutes les controverses et querelles que l'université avait avec ledit vicomte. Sa femme, ses fils et les femmes de ses derniers signèrent, de manière que tous les susnommés fussent tenus de se conformer à la décision des arbitres.

Mabille seule, restée vicomtesse de Marseille, mariée avec Adhémar de Monteil, ne voulait pas qu'on vendît son héritage ; mais les Marseillais, dit Ruffi, voulant conquérir une entière liberté et possédant tout, excepté cette *pièce*, se moquèrent de son opiniâtreté, la chassèrent de la ville et la privèrent des rentes qu'elle y recevait. Ce moyen réussit. Quelque temps après, Adhémar et sa femme se décidèrent à vendre leurs droits moyennant 50.000 sous d'or couronnés et Mabille stipula pour elle cent livres de pension payables annuellement et à perpétuité le jour de saint André.

Cet ainsi que Marseille prit rang parmi les villes libres, se gouverna par ses propres lois, s'affranchit de toute contrainte, rivalisa par son commerce et ses institutions avec Gênes, Venise et Florence, et put inscrire dans un acte ; et c'est par ainsi que nous avons conquis notre liberté.

DEUXIÈME PARTIE

ADMINISTRATION ET ORGANISATION DE LA RÉPUBLIQUE

Marseille, affranchie de tout joug féodal, voulut tout d'abord assurer son avenir et se mettre à l'abri de nouvelles tentatives de la part de ceux dont elle se méfiait, non sans raison ; elle prit solennellement la délibération dont nous donnons le texte :

«Pour que les acquisitions faites par la commune »de la cité inférieure de Marseille pour le Dominium et la Seigneurie de cette cité et partout »ailleurs par les seigneurs qui avaient l'habitude »de dominer restent fermes et stables à perpétuité, »et ne puissent être attaquées en aucun temps, »pour le bien et l'utilité de tous les habitants de la »commune de Marseille et pour le maintien des »libertés et franchises de cette cité, nous décrétons »pour être observé inviolablement que quiconque »aura pu être seigneur dans la cité inférieure de »Marseille, ou qui aura eu quelque portion dans »cette seigneurie ou qui aura vendu ou transmis »pour quelque cause que ce soit, ne puisse par lui

»ou quelqu'un de sa race être élu ou établi dans le »régime ou la viguerie de la ville inférieure ; qu'il »ne puisse être Viguier ou Sous-Viguier, ni Bayle, »Recteur ou Consul ; que rien de nouveau ne puisse »être ordonné ou statué qui pourrait diminuer le »Dominium ou la Seigneurie que cette ville a et »doit avoir dans la commune et ailleurs ; ce qui sera »perpétuellement et inviolablement observé. Nous »statuons que tous les hommes jureront par un ser- »ment incommutable et par les trois personnes de »la Trinité l'observation de cette délibération».

Administration

Après avoir ainsi assuré l'avenir de la République, il fallait organiser dans un sens démocratique les pouvoirs publics et leur bon fonctionnement.

Podestat

A l'imitation de quelques cités italiennes, Marseille, comme Arles et Avignon, donna le pouvoir supérieur à un Podestat dont elle eut soin de limiter les attributions. Le Podestat devait être étranger à la ville, il n'était nommé que pour un an ; il avait, dit Ruffi, l'administration de la justice, nommait les juges et avait la conduite de la guerre et des affaires de la paix comme les anciens Consuls romains. Mais, en fait, à Marseille, cette magistrature, qui pouvait avoir une grande importance dans d'autres villes, paraît avoir été assez effacée. Le Podestat recevait 1800 livres de traitement (5511 fr. de notre monnaie), mais il devait, à l'expiration de ses fonctions, rester 15 jours dans la ville pour acquitter ses dettes et libérer ses cautions, d'aucuns disent encore répondre de son administration.

Du reste, les historiens ne nous signalent que huit Podestats, dont un en 1222 dont parle Papon dans son *Histoire de Provence*, et dont il ne donne pas le nom.

Voici le nom de ceux dont il est question dans les annales de la République :

1223-1224	Reforciat.
1224-1225	Jacques Carlavaris de Vezano.
1225-1226	Spinus de Surrexina.
1226-1227	Hugolin.
1227-1228	Robertus.
1228-1229	Marratius de St Nazaire.
1252	Lantelmy.

Du reste, nous savons peu de choses sur le compte de ces officiers supérieurs, ils ne figurent guère que dans les actes d'acquisitions faites par la Communauté et comme la représentant, nous ne connaissons d'eux aucun acte d'initiative important.

Viguier

Au temps des Vicomtes, le Viguier était leur représentant et était nommé par eux ; il administrait la justice et était remplacé par un Sous-Viguier. Mais déjà et dès cette époque, dans le serment que prêtaient ces deux fonctionnaires, nous trouvons la preuve de l'importance qu'avait prise la Communauté. Ce serment devait être prêté par deux fois : la première fois en présence du Conseil général et des Chefs de métiers, et la seconde devant le premier Parlement des hommes de Marseille réunis, suivant la coutume, au son des cloches.

Ils jurent de gouverner sans fraude ; de défendre la ville et tous ceux qui demeurent dans la ville et dans les faubourgs, au point de vue de leurs personnes et de leurs biens ; de respecter leurs libertés, immunités et franchises ; de ne pas divulguer les secrets de la ville ; de faire bonne justice aux citoyens marchands ou pèlerins qui viendraient se plaindre à eux, ou aux juges ou à leurs officiers, et que justice leur serait faite d'après les statuts présents et futurs ; de maintenir et avec bonne foi pour le mieux toutes libertés, immunités et franchises appartenant à ladite ville et qui pourraient ou devraient lui appartenir ; d'observer ou de faire observer tout ce qui serait publié pendant leur administration, en respectant toutefois la volonté du Conseil général ou de la plus saine partie de ses membres.

Le Viguier ne devait recevoir aucun don, si ce n'étaient des chiens ou des oiseaux pour la chasse et des victuailles, le Viguier jusqu'à la valeur de cinq sous et le Sous-Viguier jusqu'à la valeur de trois sous.

Ce serment, le Viguier devait le renouveler tous les trois mois devant le Conseil général et le Sous-Viguier se le faire relire par un notaire de la ville.

Tous deux, en sortant de charge, devaient rester 15 jours dans la ville aux mêmes obligations que le Podestat.

Ainsi, le Viguier et les Juges nommés primitivement par les Vicomtes reconnaissaient l'autorité du Conseil général et du Parlement ou soit de l'assemblée générale de tous les citoyens convoqués, comme nous le savons, dans le cimetière des Accoules.

Mais ces assemblées générales, dont on parle souvent, ne paraissent pas avoir eu une grande initiative. Le véritable pouvoir était dans le Conseil général et dans le Conseil des cent Chefs de métiers dont nous parlerons après l'énumération des fonctionnaires municipaux chargés de l'administration de la ville devenue républicaine.

Recteurs

Les Recteurs avaient à peu près les mêmes fonctions que celles du Viguier, mais ils étaient spécialement les représentants de la Communauté.

Leur nombre n'était pas invariable. On les voit figurer dans les divers actes que nous possédons en entier, passés entre la ville et les Vicomtes, au nombre de deux ou de quatre. On en compte même jusqu'à douze dans l'acte passé en 1216 entre la ville vicomtale et la ville épiscopale. Les Recteurs doivent veiller sur les franchises et les immunités de la ville, surveiller les Clavaires ou receveurs des revenus de la ville, protéger les citoyens, les étrangers, leurs biens et leurs familles ; ils peuvent recevoir les mêmes dons que le Sous-Viguier ; ils sont chargés de la convocation du Grand Conseil, du Conseil des Chefs de métiers ; ils doivent rester 15 jours dans la ville au sortir de leurs charges.

Syndics ou Consuls

Les Syndics ou Consuls étaient chargés des intérêts de la ville ; ils agissaient pour elle, ils devaient tenir état de tous les revenus, se faire rendre tous les quatre mois par les Clavaires, en présence de six membres du Grand Conseil et de six membres des Chefs de métiers, le compte général des recettes et dépenses de la Communauté. Ils doivent rechercher tous les titres qui appartiennent ou paraissent appartenir à la commune, les faire transcrire par un notaire et les collationner tous les ans.

Ils doivent tenir la liste des notaires, l'état de

tous les revenus, droits sur les Boucheries, sur les Grains, sur les Poissons ; ils ont un Greffier choisi par les Recteurs ; ils peuvent recevoir des dons en victuailles jusqu'à 12 deniers royaux.

Ils reçoivent 20 livres par an, mais ils doivent entretenir un palefroi pour leur honneur et celui de la ville.

Clavaires

Les Clavaires étaient les receveurs municipaux de Marseille ; ils percevaient les revenus ordinaires et les droits de douane (*tabulæ maris*). Ils avaient la charge de conserver les registres tenus par les Syndics auxquels ils devaient rendre compte tous les quatre mois. Ils étaient assimilés aux Consuls pour le traitement et les obligations. Sous la surveillance des Recteurs et des semainiers, ils réglaient à la fin de l'année avec leurs successeurs en présence de deux notaires.

Consuls étrangers

Les Consuls ne sont pas, à proprement parler, des fonctionnaires marseillais, mais ils sont nommés par eux ; ils méritent une mention spéciale dans l'organisation républicaine et commerciale de Marseille à qui est due leur institution. Aussi les Consuls sont-ils nommés par les Recteurs, les Clavaires, les Syndics, les Conseillers et les Chefs de métiers, sans que jamais aucun Vicomte n'y ait pris part, et si quelqu'un d'entr'eux venait à prévariquer, il était puni par le Recteur d'une amende de XXV livres couronnées.

Les Consuls sont établis dans les fonds ou fondouks. Ils prennent l'engagement de bien remplir leur office, de ne pas y laisser séjourner des femmes de mauvaise vie et d'empêcher d'y vendre du vin venant d'autre part que de Marseille, mais au prix du vin du pays.

Ils avaient une juridiction civile et criminelle, ils devaient écrire sur un Cartulaire tous leurs actes, leurs procédures, des dépositions de témoins, production de pièces, mandements, sentences, etc. Les autres villes du Midi imitèrent les Marseillais; il résulte d'un titre de 1190 de Guy 8e, roi de Jérusalem, qu'il accorda le même droit qu'aux Marseillais aux hommes de Montpellier dans la ville de Saint-Jean-d'Acre.

Élections. — Conseil général

Le Conseil général de la Communauté de Marseille était composé de 83 membres ; toutes les années, trois jours avant la Toussaint, avait lieu l'élection du Conseil général. A cet effet, les Syndics, les Clavaires, les six Chefs de métiers de service, un notaire et une personne notable choisie par eux se réunissaient, juraient d'agir en gens de bien, sans fraude, sans influence, sans haine et choisissaient 12 citoyens, dont deux dans chaque quartier de la ville ; il y avait six quartiers : 1° celui de Saint-Jean ; 2° des Accoules ; 3° de la Draperie ; 4° de Saint-Jacques ; 5° de la Calade ; 6° de Saint-Martin.

Ces 12 élus prêtaient serment et désignaient 71 Conseillers qui formaient avec eux le Grand Conseil des 83. Ces Conseillers, parmi lesquels devaient se trouver trois jurisconsultes savants et loyaux, pouvaient être pris parmi tous les citoyens de Marseille possédant 50 livres en immeubles et domiciliés dans la ville depuis 5 ans au moins. On ne pouvait prendre qu'un Conseiller dans chaque famille. Avant de se séparer, les 12 électeurs devaient désigner 8 personnes, dont 3 des nouveaux Conseillers, 4 des Chefs de métiers pour nommer tous les fonctionnaires municipaux.

Toutes les communications étaient tenues secrètes jusqu'au jour de la promulgation qui avait lieu le jour de la Toussaint avant midi.

Le Grand Conseil prononçait la réhabilitation des Magistrats destitués. Il autorisait le séjour des étrangers pendant les guerres ; réuni au Conseil des Chefs de métiers, il approuvait les statuts préparés par le Recteur, donnait ses conseils au Viguier soit sur sa demande, soit de son propre mouvement. Les Conseillers doivent garder le secret de leurs délibérations et se rendre au Palais Municipal toutes les fois qu'on sonnait les cloches pour les assemblées, sauf le cas d'excuses valables.

Chefs de métiers

Un des rouages les plus remarquables de l'administration municipale de Marseille et sur lequel nous devons appeler spécialement l'attention, c'est l'organisation du Conseil des cent Chefs de métiers. Cet élément populaire, qui n'a existé ni dans les villes voisines ni dans les républiques italiennes, est la preuve de l'esprit commercial et démocratique de la nouvelle République. L'organisation des corporations de métiers qu'on fait remonter à Rome a existé pendant tout le moyen âge; on connait les sociétés de compagnonnage des tailleurs de pierre, des charpentiers, des maçons; à Paris, des bateliers ; dans d'autres villes, des chiffonniers, des boulangers ; dans le livre des métiers on parle des privilèges qui leur sont accordés, mais dans Marseille seule on leur accorde une part dans l'administration de la cité, une portion des droits politiques.

Toutes les années, dans l'octave de la fête de saint Jean, les corporations de métiers se réunissaient et choisissaient chacune deux hommes bons, fidèles et utiles à l'œuvre de la cité de Marseille. Ils entraient en fonctions le jour de saint Sauveur.

Pour être nommé, il fallait appartenir au corps du métier ou à l'art de la mer, c'est-à-dire être navigateur ou pêcheur du grand art (pêche au large) ou du petit art (pêche côtière), et posséder un immeuble de 50 livres couronnées et justifier d'une résidence de trois ans.

Outre les droits de surveillance qu'ils exerçaient sur les corporations, les Chefs de métiers prenaient part aux délibérations du Grand Conseil par délégation. Tous les dimanches, les cent Chefs de métiers se réunissaient à l'hôpital du Saint-Esprit et nommaient six membres qui devaient pendant la semaine, avec les Conseillers, prendre part à l'administration de la commune. Les semainiers pouvaient, soit de jour, soit de nuit, convoquer au son de la cloche ou autrement, tous ou quelques-uns des chefs et avec eux des hommes probes de Marseille pour leur soumettre les questions qui intéressaient la commune. Les décisions étaient soumises aux Recteurs qui les faisaient exécuter ou les soumettaient à la discussion du Grand Conseil.

On voit que par ses attributions, le Conseil des Chefs de métiers prenait part à l'organisation générale, aux délibérations et à l'administration. Dans certains cas il avait même le droit d'initiative.

Pour terminer cette longue énumération, disons qu'il y avait à Marseille un juge du palais, un juge d'appel et deux tribunaux dont les attributions sont longuement énumérées dans les statuts, mais sans aucune ingérence dans l'organisation politique ou administrative.

Situation politique

Pendant tout le temps que la ville resta libre, sous la direction de l'administration que nous venons de faire connaître, elle ne cessa d'étendre son commerce et d'affermir sa prospérité en assurant sa position politique.

En 1216, Sance, comte de Provence, signa avec Guillaume Vivaux, Certain et Salomon, recteurs, l'engagement de protéger la nouvelle République et de ne faire aucune paix ni aucune guerre sans l'avis des Recteurs.

En 1219, Hugues, comte d'Empurias, envoya aux Marseillais une ambassade pour leur offrir son alliance. Ils obtinrent par un traité l'autorisation de faire librement le commerce dans les États du comte. La même année, les Marseillais conclurent avec Nice un traité célèbre, dont nous rapportons le préambule: « Au nom de Notre Seigneur Jésus-»Christ, l'an de l'incarnation 1219 et le 6 des »kalendes de septembre. C'est au nom de Notre »Seigneur Jésus-Christ que nous accomplissons nos »desseins et nos actes. C'est par lui que nous avons »acquis la liberté de notre ville et nous avons »décoré notre République ; c'est par lui que nous »avons donné l'accroissement aux droits et aux »avantages de notre ville ainsi que le maintien »d'une paix que son aide nous permettra de con-

»server dans l'avenir, Dieu lui-même gouvernant »seul notre ville».

En 1216, la commune avait fait une transaction avec la ville épiscopale pour les ventes de marchandises et les attributions de juridiction.

En 1218, Raymond Béranger donne à la ville le droit de fabriquer et *forger* la grosse monnaie d'argent.

En 1221, la ville achète du sieur de Gombert tous les droits sur les mitleroles de Marseille avec toutes les actions utiles, directes, réelles et personnelles qu'il tenait de la dame Barrale, épouse de Hugues des Baux et du sieur Roncelin, alors vicomte, moyennant 200 livres couronnées.

En 1221, elle signait avec les habitants d'Hyères un compromis nommant Anselme de Fer pour juge de leurs différends.

En 1223, elle obtenait de Robert de Ibelino, seigneur de Beyruth, des privilèges de son commerce et des droits de juridiction pour ses consuls.

En 1224, la Communauté achetait de Roland d'Aubagne une créance de 210 livres, hypothéquée sur la seigneurie d'Aubagne par l'ancien vicomte Hugues des Baux.

En 1225-1226, elle passait un nouveau contrat avec Raymond des Baux, cette fois assisté de sa femme Adalasie et de ses deux fils Bertrand et Guillaume, moyennant la somme de 10.000 sous, pour laquelle on leur donna la maison de Raimond de Conchis, située à Marseille, près l'église de

Sainte-Marie-des-Accoules, et une rente de 3.000 sous, payable, chaque année, le jour de saint André.

En 1225, un arrangement fut fait avec Raymond Beranger, comte de Provence, par lequel ce dernier promit, en cas de nécessité, de secourir la ville de 100 hommes d'armes et de 500 piétons, et celle-ci, de son côté, promit 50 hommes d'armes et 200 piétons.

En 1226, envoi de députés à Avignon pour régler divers intérêts des deux villes.

En 1226, transaction avec Raymond Béranger pour la propriété des îles de Caronte et Saint-Giniez. Le comte en confirme et ratifie tous les droits de la Communauté. La même année, Thomas, comte de Savoie, vicaire de l'empereur Frédéric, termina le différend élevé par ce dernier contre la ville de Marseille, par laquelle il prétendait des droits de suzeraineté qui furent complètement abandonnés.

En 1226, la ville achète de Raymond des Baux la seignerie de Roquevaire.

En 1228, de l'avis du Conseil général et des Chefs de métiers, sur les instances du peuple de Marseille réuni au son de la cloche, le Podestat, Marratius, de Saint-Nazaire, proclame les statuts de Marseille qui n'ont pas moins de 47 articles et contiennent le tarif des marchandises importées.

En 1227, la ville acheta de Guillaume Anselme les droits d'ancrage qu'il tenait de Roncelin, ancien vicomte, et en 1228 elle obtint de Charles Ier, comte de Provence, et de sa femme Béatrix, la confirmation de tous ses privilèges.

En 1228, par suite d'une décision de Romain, diacre de Saint-Ange, nommé arbitre, les Marseillais, sur la renonciation des prétentions mutuelles de la ville et de Hugues des Baux, de sa femme Barrale et de ses fils, payèrent 46.000 sous royaux couronnés et une rente annuelle de 3.000 sous, payable le jour de saint Michel.

En 1235, le comte de Toulouse, reconnu seigneur de Marseille, donne à tous les citoyens la faculté de venir dans ses terres, d'y séjourner, d'y négocier et d'en sortir à leur gré, sous sa protection et celle des siens.

En 1236, le roi de Chypre donne aux Marseillais des lettres patentes portant faculté de faire le commerce dans son royaume avec exemption de tous droits, ce qui fut confirmé par le pape Innocent.

En 1236, convention entre le comte de Toulouse, seigneur de Marseille, le comte Signe, ses fils et les Marseillais de se soutenir réciproquement contre le comte de Provence.

En 1240, prêt de 1100 livres à Barral des Baux, fils du seigneur Hugues des Baux, pour trois ans garantis sur deux parts du château d'Aubagne et sur le château de Roquevaire.

En 1243, traité entre la ville et le comte de Provence après une guerre qui avait duré six ans.

Guerres et discussions politiques

Par l'énumération ci-dessus, on voit que les administrateurs de la nouvelle République n'avaient rien négligé pour assurer sa prospérité. Pendant tout ce temps, son commerce continua à s'agrandir et elle jouit de cette liberté dont elle était si fière et qu'elle avait acquise par tant de sacrifices. Malheureusement, elle avait autour d'elle ses anciens vicomtes et des voisins jaloux de son importance nouvelle. Les vicomtes dépossédés continuaient à regretter leurs anciens privilèges qu'ils n'avaient pas cédés sans peine. Roncelin était mort, mais il avait laissé après lui des prétendants, et trois autres héritiers de Hugues Geoffroi conservaient toujours l'espoir de les recouvrer. Marseille eut donc à soutenir de nouvelles réclamations de leur part comme à se défendre contre le comte de Provence qui prétendait exercer des droits de suzeraineté mal définis et auxquels il avait souvent renoncé.

En 1216, Raimond Geoffroi, seigneur de Trets, assisté de ses deux fils Geoffroi Reforciat et Burgondion et de sa femme Ixmilla, vendit pour la seconde fois sa part de seigneurie à la ville moyennant le paiement de 148.000 sous couronnés.

Raymond des Baux voulut aussi revenir sur son contrat de 1213 et nous trouvons dans les archives de Marseille sous la date de 1225 un second traité signé par lui, par sa femme Adalasie, ses enfants et les frères de sa femme *si quelque chose peut leur revenir*.

Sous les conditions que nous avons rapportées ci-dessus, Marseille était redevenue tranquille. Gérard Adhémar n'avait rien réclamé; Raimond Geoffroi et Raimond des Baux étaient désintéressés lorsque reparurent sur la scène Hugues des Baux, époux de Barrale, et les moines de Saint-Victor.

Hugues des Baux, qui toujours pressé d'argent avait cédé en 1214 en paiement de ses dettes ses droits à la communauté, vint réclamer. Les administrateurs crurent pouvoir se débarrasser de lui comme des autres en lui donnant de l'argent; mais moins facile, Hugues refusa tout arrangement et recourut à l'intervention de Raymond Béranger, comte de Provence. Celui-ci qui nourrissait l'espoir d'agir pour son propre compte contre la République repoussa sa demande; il s'adressa alors à l'empereur Frédéric qui affichait des droits de suzeraineté sur la Provence comme un fief détaché du Grand Royaume de Bourgogne. L'Empereur écrivit au Conseil de la République de Marseille qui refusa d'obéir. L'Empereur menaça de mettre la ville au ban de l'empire et en effet la chambre impériale déclara la République rebelle et déchue de ses droits de cité libre.

Ce fut à cette occasion que le Grand Conseil députa le Podestat Hugolin et quelques citoyens notables auprès de Thomas, comte de Savoie, lieutenant de l'Empereur, pour lui faire connaître le véritable état des choses. Comme nous l'avons dit plus haut, tout fut terminé par l'influence du comte en 1226.

Mais Hugues ne s'arrêta pas, il adressa sa demande au Saint-Siège, en la personne du cardinal Saint-Ange, légat du pape auprès du roi de France. Le Cardinal, après de longs pourparlers, persuadé que la ville ne céderait pas, parvint à faire consentir les deux parties à un arbitrage. En 1229, une sentence fut rendue qui dépossédait Hugues, sa femme et ses deux fils moyennant le paiement de 46.000 sous royaux couronnés et une rente de 3000 sous payable tous les ans au jour de saint Michel.

Le cardinal Saint-Ange eut encore à intervenir dans les contestations qui s'élevèrent entre la République et l'abbaye de Saint-Victor.

Roncelin, ancien vicomte, avait cédé aux moines de Saint-Victor le château de Saint-Marcel avec ses attenances et dépendances ; il avait aussi vendu à l'Abbaye son château de Saint-Julien, il lui cédait tous les droits en même temps qu'il les vendait à Anselme, gentilhomme de Marseille, et aux Recteurs de la Confrérie du Saint-Esprit. Le monastère, après un délai déterminé, réclama et repoussa toute offre de transaction ; le Grand Conseil résista et le peuple surexcité s'empara du bourg de la Calade, du château de crach, du quartier de Curvillan, abattit une colonne qui fixait la limite entre la ville basse et le territoire du monastère, détruisit le Tholonet et s'empara des viviers de poissons qui appartenaient aux moines. Les religieux appelèrent sur la cité rebelle les foudres du Vatican, mais le cardinal Saint-Ange, dans un esprit de conciliation, fit accepter pour juge et arbitre suprême l'évêque Benoit d'Alignano. Après mûr examen, celui-ci fit relever la colonne, rendit le bourg de la Calade, mais pour 6 années seulement, fit restituer au monastère le château de crach et les biens lui appartenant du chef de Roncelin, avec faculté laissée à la ville de les affermer. Le Podestal et les Recteurs ayant juré d'observer cette sentence et imposé le même serment à leurs successeurs, les Marseillais furent relevés de l'excommunication et reçurent publiquement l'absolution dans le cimetière des Accoules par l'évêque représentant le cardinal Saint-Ange.

C'en était fini des vicomtes et même des prétentions de l'empereur Frédéric, mais Marseille avait à ses portes un ennemi avec lequel elle allait avoir à compter.

Raymond Béranger, comte de Provence, avait épousé Béatrix de Savoie; délivré des embarras que lui avait suscités la guerre des Albigeois à laquelle il avait pris part, il voulut, sans tenir compte de ses engagements, soumettre toute la Provence à son pouvoir. Au mépris de la Convention de 1225, il marcha sur Marseille, voulant se faire reconnaître seigneur suzerain. Les Marseillais repoussèrent ses prétentions, se défendirent et le forcèrent de s'éloigner après un siège de trois mois. Vers cette même époque, l'empereur Frédéric, se prétendant toujours suzerain de la Provence, déclara Raymond Béranger échu du comté de Forcalquier, de la seigneurie de Sisteron et les donna au comte de Toulouse. Celui-ci entra en Provence, souleva les habitants de Tarascon et s'avança sur Marseille, ravageant les villages et les campagnes. Arrivé devant la ville en novembre 1230, il signa avec elle, dans le cimetière des Accoules, un traité par lequel il prenait la seigneurie *viagère* de la ville basse sans avoir droit de créer aucun impôt et sans rien faire qui pût porter atteinte aux franchises et aux libertés de la République. L'Empereur, revenu de ses préventions, vint imposer son autorité et suspendit les hostilités par une trêve qui dura six ans. Raymond en profita pour publier des règlements utiles, gagner l'amour de ses sujets et conclure deux alliances illustres : sa fille aînée Marguerite épousa Louis IX, roi de France, et la seconde, Eléonore, le roi d'Angleterre Henri III. Enorgueilli par l'alliance de ces deux grands rois, Raymond Béranger essaya par l'entremise de Benoit d'Alignano, évêque de Marseille, de faire reconnaître sa suzeraineté par la ville basse ; irrité de ses refus, il reprit les armes pour soumettre les Marseillais, le comte de Toulouse vient à leur secours. Grâce à l'intervention du roi de France, une trêve fut conclue en 1236 ; mais les hostilités reprirent en 1237 et durèrent six ans. Enfin, on convint d'une capitulation.

Cette convention porte la date du 10 des kalendes de juillet 1243.

Il fut convenu que Roolin, drapier, au nom de la Communauté de Marseille et comme procureur spécial, avouerait que la ville de Marseille était dans le comté de Provence et dans le domaine du Comte; que pour cela elle était tenue aux chevauchées de la même façon que les vicomtes y étaient autrefois obligés.

Que la monnaie qu'on battrait à Marseille serait au coin du comte de Provence.

Que pour les affaires que la Communauté aurait contre ceux de la province, qu'elle se pourvoirait par devant le Comte ou par devant ses officiers, mais non pas pour les affaires de la ville et du terroir.

Que si quelque étranger avait quelque grief contre la ville pour raison des leudes, gabelles et de toutes sortes de droits qu'elle percevait dans son enceinte, le Comte ne recevrait pas les plaintes et les Marseillais ne seraient pas obligés de répondre par devant lui ni par devant ses officiers.

Que les Marseillais ne seraient point obligés de demander justice au Comte ou à ses officiers pour raison des crimes commis dans Marseille et dans son terroir.

Que le Comte oublierait tout le ressentiment des maux et dommages soufferts soit en la ruine de ses villes, de ses châteaux, de ses meubles et de ses immeubles, et enfin de tout le passé jusques au jour de l'accord, sans que les habitants en pussent être recherchés à l'avenir.

Qu'il ratifierait en faveur de la Communauté tous les achats et acquisitions qu'elle avait faits tant en la ville vice-comtale et son terroir qu'aussi par toute la Provence et même de Saint-Marcel, de Roquefort, de Roquevaire, d'Hyères et de Bregançon, se retenant pourtant le droit de domaine.

Que la Communauté jouirait pleinement de la libre et entière juridiction de la manière qu'en usaient les Vicomtes et comme elle avait accoutumé d'en user depuis l'acquisition de la seigneurie jusques alors, en l'élection du Podestat, des Recteurs et des autres officiers.

Que la ville de Marseille n'empêcherait point que le Comte n'imposât la gabelle du sel dans Yères s'il en pouvait être d'accord avec les seigneurs de ladite ville.

Ce traité fut fait à Tarascon, à la maison qu'on appelait de Sainte-Marthe et dans un petit pré en présence de l'Evêque de Riez, etc. Le Comte et Roolin en jurèrent l'observation.

Ce traité, que l'historien Ruffi appelle glorieux, n'en fut pas moins la première brèche faite à l'indépendance de la ville. Elle perdait sa juridiction pour ce qui concernait la province, son droit de battre la monnaie, se soumettait aux mêmes obligations que les anciens vicomtes et plus encore elle avouait qu'elle faisait partie de la comté de Provence et du *domaine* du Comte. Si Raymond Béranger n'était pas homme à abuser de ces déclarations, nous verrons que malheureusement il n'en fut pas de même de ses successeurs.

Nous avons vu comment il avait marié ses deux premières filles, la troisième épousa Richard, duc de Cornouailles. Il ne restait plus à la Cour de Provence que la quatrième, Béatrix, qui devenait héritière de sa comté et qui était jeune encore. Malheureusement le Comte mourut en 1245, sa fille reçut l'hommage de ses vassaux. Mais c'était une riche héritière et bien des démarches furent faites lorsqu'il s'agît de songer à son établissement. Son tuteur Romée de Villeneuve, d'accord avec Blanche de Castille, mère du roi de France, parvinrent à négocier son mariage avec Charles d'Anjou, frère du roi de France, qui par ce moyen devint comte de Provence, au grand déplaisir des Provençaux, disent les historiens ; ils ne voyaient pas, en effet, avec plaisir l'arrivée des Français et surtout d'un prince dont la naissance illustre, le courage et l'ambition menaçaient leur indépendance. Charles d'Anjou partit pour la Croisade avec Louis IX et fut retenu prisonnier. Mais sa rançon payée, il revint en Provence en 1251, bien résolu d'avoir raison des cités rebelles à sa domination. Les Marseillais devaient ne pas tarder à comprendre qu'ils ne conserveraient pas longtemps leur indépendance si chèrement achetée.

TROISIÈME PARTIE

FIN DE LA RÉPUBLIQUE

En rentrant en France, Charles d'Anjou, qui était parvenu à s'entendre avec Hugues des Baux, devenu Podestat d'Arles et d'Avignon et d'accord avec l'Archevêque d'Arles, qui trahissait les intérêts de sa ville, s'en saisit le 29 avril 1251 et d'Avignon le 7 mai suivant. Marseille résista; Charles vint l'assiéger avec une armée formidable et s'en empara après huit mois de siège; il donnait pour prétexte que les Marseillais avaient donné des secours à Arles et à Avignon et s'étaient emparés des châteaux de Saint-Marcel, d'Aubagne et de Roquefort. Raymond Béranger avait scrupuleusement observé le traité de 1243; il n'en fut pas de même de son gendre, qui imposa de nouvelles conditions qu'il ne devait pas non plus observer longtemps; en voici les principaux articles :

Que Marseille serait sous le domaine et la juridiction du comte de Provence;

Qu'il y mettrait annuellement un Baille qui jugerait, à l'entrée de sa charge, en plein Conseil, et les cent Chefs de métiers assemblés, de protéger et défendre les Marseillais et le contenu de ce traité et la principale fonction de cet officier serait de faire la recepte des revenus de son maître ;

Qu'il aurait aussi droit d'établir un Juge annuel, à condition de faire le même serment que le Baille, et que le Juge connaîtrait en cas d'apel des causes civiles qui seraient vuidés dans Marseille, et que le Baille et le Juge seraient obligés d'exécuter les jugements criminels rendus tant par les Juges ordinaires de la Communauté que par les Recteurs et Consuls pour quelque nature de crimes qu'ils eussent été prononcés, n'étant permis au seigneur Comte ou à ses officiers de les casser ou réformer, mais au contraire ils seraient obligés de les faire observer ;

Que les Marseillais admettraient aux charges des Consuls, des Recteurs, des Viguiers et des Bailles qui bon leur semblerait du corps de leur ville, pourvu qu'ils ne fussent ennemis dudit seigneur ;

Que le Baille et le Juge dudit seigneur n'auraient aucune juridiction et ne se mêleraient point du gouvernement de la ville et de son terroir, qui appartiendrait pleinement aux officiers de la Communauté avec pouvoir de créer et d'instituer des notaires et châtelains ;

Que les proclamations se feraient dans la ville et ses fauxbourgs au nom du seigneur Comte et de la Communauté ;

Que le seigneur Comte et ses successeurs dans le comté de Provence maintiendraient les Marseillais dans leurs franchises et leurs libertés, les protégeraient et les défendraient de la même façon que leurs sujets de Provence ;

Que la monnaie appelée *Marseille* aurait cours, à l'avenir, dans Marseille, comme elle avait eu par le passé, et que, pour ce chef, la convention faite avec Raymond Béranger serait gardée ;

Que lorsque les sujets du Prince recevraient quelque tort des Marseillais, hors de la ville de Marseille, en ce cas les Marseillais seraient obligés de subir la justice par devant la Cour du Prince; que si le crime était commis dans Marseille ou dans son terroir, alors la cause serait traitée devant Marseille ; qu'il en serait de même si quelque étranger était offensé par quelque particulier de la ville, en ce cas la justice de Marseille en aurait connaissance et par apel celle du Prince ; que si les étrangers ou des sujets du Prince commettaient quelque crime dans Marseille ou dans son terroir, la justice de Marseille connaîtrait et non celle du Comte et le Comte même ;

Que les Juges et Consuls auraient connaissance des causes civiles et criminelles avec juridiction *mère et mixte* ;

Que si le Recteur ou le Consul fait quelque sentence civile ou criminelle de laquelle les parties veulent apeller, on se pourvoira devant le juge des apellations de Marseille ;

Que le Comte ne pourrait imposer aucune taille et subside, emprunt ou droit sur les originaires de la ville de Marseille, ou étrangers habitans, soit Juifs, Sarrasins ou d'autres nation ou religion, pour quelque cause que ce fut, excepté pour les biens qu'ils possèdent hors de la ville dans la Provence ou ailleurs, auquel cas il pourrait exiger les mêmes avantages qu'ils avaient accoutumés d'exiger des habitans des dits lieux ;

Que ledit seigneur et ses successeurs au comté de Provence ne pourraient faire bâtir aucune citadelle ou forteresse dans les villes inférieure ou supérieure, ni faire démolir les murailles, ni faire combler des fossés ;

Que les Recteurs, les Consuls, les Syndics, les Bailes et autres officiers, les cent Chefs de métiers, ensemble le Conseil général jureraient de tenir la main à ce que le dit seigneur jouît paisiblement des droits à lui accordés, qu'ils observeraient inviolablement cette convention et que le serment en serait réitéré de cinq en cinq ans ; que pour terminer le différend qui était entre les religieux de St Victor et la ville, ledit seigneur s'emploierait fortement à fin que le monastère se départît des droits qu'il prétendait sur la Communauté pour raison de la seigneurie, et qu'il en fît cession et transport, et qu'il promît d'en faire autant s'il se présentait quelque héritier des Vicomtes qui eût encore quelque prétention et que pour ceux à qui la ville païait annuellement pension ou l'intérêt du prix de la vente de la seigneurie, au cas qu'ils voulussent sen accomoder, ils seraient remboursés des deniers communs dudit seigneur et de la ville ;

Que les originaires Marseillais seraient francs du droit de table de la mer, mais les étrangers païeraient le droit ordinaire ;

Qu'on restituerait à la Communauté et aux parculiers ce qui leur avait été pris durant la guerre ;

Que le seigneur Comte et la ville se quitteraient réciproquement de tous les maux, injures et dommages soufferts tant d'un côté que de l'autre ;

Que le dit seigneur promettrait de confirmer cette convention lorsqu'il aurait atteint l'âge de 25 ans et la dame sa femme 18 ; mais cependant qu'ils jureraient sur les Saints Evangiles de l'observer en tous ces chefs, comme aussi leurs successeurs au comté de Provence feraient semblable serment dans Marseille ou ailleurs, 25 jours après que la Communauté les aurait interpellés ;

Que les uns et les autres auraient soin et s'emploïeraient pour obtenir du pape la confirmation de ce traité et le dit seigneur seul du roi de France son frère.

Cet accord fut fait en présence de cinq évêques, des représentants de Marseille et des principaux seigneurs de Provence.

Ainsi, Marseille tombait sous le domaine et juridiction du Comte, perdait son titre de ville libre; le Comte s'y faisait représenter par un baïlle, y établissait un juge annuel ; toutes les proclamations devaient se faire au nom du Comte et de la Communauté et les Marseillais devaient être défendus et protégés par lui comme ses sujets de Provence auxquels il les assimilait.

La République, déjà ébranlée par le traité consenti avec Raymond Béranger, recevait une nouvelle brèche dans ses institutions ; nous allons voir que Charles d'Anjou n'était pas homme à s'en tenir à ce premier succès. Si les républiques italiennes portaient toutes dans leur sein le germe des discordes civiles, si elles étaient soumises aux fluctuations des mouvements tantôt démocratiques, tantôt aristocratiques, il n'en était pas de même à Marseille ; pendant les 45 ans que la République fut administrée par les lois nettes d'une sage démocratie que nous avons fait connaître, aucune sédition, aucun mouvement n'est signalé ; et si l'ambition des seigneurs voisins, des turbulents comtes de Provence, n'était venue mettre obstacle à sa prospérité, la République de Marseille aurait donné l'exemple de ce que peut une population sage, laborieuse et soumise aux lois sans esprit de parti.

Cinq ans après cet accord sur lequel elle avait droit de compter, Marseille contracta une alliance avec Alfonse X, roi de Castille, et de Léon, qui avait à se défendre contre les Maures ; les Marseillais avaient aidé déjà le roi d'Aragon à les chasser de l'île de Maïorque et ils avaient eu pour leur part de conquête 300 maisons, une mosquée pour leur servir d'église, 39 fabriques, etc.

Le roi de Castille avait encore à lutter contre les Maures du midi de l'Espagne, et les Marseillais ne voyant aucune raison pour ne pas aider un roi chrétien contre les Sarrazins signèrent avec l'archidiacre Garcias Pietri, délégué du roi Alfonse, une perpétuelle confédération et ligue offensive entre ce prince, ses successeurs, qu'on rédigea par écrit de cette façon : Que les Marseillais seraient amis des amis et ennemis des ennemis du roi de Castille, qu'ils seraient tenus de le secourir et de l'assister puissamment envers tous et contre tous, excepté le comte Charles, Béatrix sa femme et leurs successeurs, n'entendant de se préjudicier aucunement à l'accord qu'ils avaient fait avec eux.

Et en contre échange que le roi de Castille et ses successeurs protègeraient et défendraient la ville et ses sujets envers tous et contre tous, excepté les comtes de Provence.

Qu'ils la secourroient à leurs dépens en cas de guerre d'autant de gens qu'elle en aurait besoin.

Que les Marseillais pourroient faire sortir du Roïaume de Castille et des autres états qui en dépendent, des vivres, chevaux, armes et tout ce qui leur serait nécessaire.

Qu'ils seraient francs de toute sorte de droits et contributions dans toute l'étendue de ses royaumes.

Et enfin Alfonse serait tenu et obligé de les

assister en tout temps au recouvrement des privilèges, franchises et libertés dont la ville de Marseille avait autrefois joui en la ville d'Acre et autres villes dans le Levant.

Ce traité fut signé par le député de l'Espagne, les Recteurs, les Syndics, les membres du Conseil privé, et accepté de bonne foi par le roi de Castille lui-même.

Soumission de Marseille

Les Marseillais avaient dû croire que l'accord passé avec Charles d'Anjou et sa femme serait de longue durée. C'est ainsi que pendant l'absence du Comte ils avaient fait un nouveau traité avec le roi de Castille comme ville indépendante et libre ; mais ils devaient apprendre qu'on ne devrait jamais céder et que c'est tout compromettre que de ne pas savoir conserver les droits et libertés d'un peuple contre les prétentions d'un puissant seigneur. Après six ans, le Comte pour divers prétextes, enlèvement de blé de Toulon, traité avec le roi de Castille, retard dans les paiements qu'il exigeait, Charles d'Anjou reparut en Provence ; son ambition et celle de sa femme, qui voulait être reine comme ses sœurs, se fit sentir d'abord dans le comté et plus tard dans l'Italie. Nous n'avons pas à apprécier le rôle odieux qu'il joua dans ce dernier pays, mais nous avons à faire connaître comment il acheva la soumission de ceux qui avaient eu la malheureuse chance de tomber sous la main d'un champion de la féodalité qui ne connaissait rien à l'esprit de liberté qui animait les peuples du Midi.

Cependant, avant de rompre avec les Marseillais et de revenir sur les accords solennellement jurés en 1252, le Comte, qui retenu, croit-on, par son frère Louis IX, avait hésité pendant 5 ans, ne pouvant plus retenir ses désirs, se décida à reprendre ses premiers projets, voulut publier un manifeste portant que c'était à regret qu'il prenait les armes contre la ville, que la nécessité l'obligeait d'en venir là de peur que sa trop grande indulgence ne fût cause de la ruine de son état.

Nous croyons devoir donner en entier ce document, preuve de la duplicité de ce prince :

«Au nom de Notre Seigneur Jésus-Christ, ainsi soit-il. L'an de son incarnation 1257, indiction XV, le 4 des nones de juin, sçachent tous présens et avenir que plusieurs contestations étant nées et en état d'estre suscitées entre noble et illustre Charles, fils du roy de France, comte d'Anjou, de Provence et de Forcalquier, marquis de Provence, tant en son nom qu'en celui de la dame Béatrix, sa femme, comtesse d'Anjou, de Provence et de Forcalquier, marquise de Provence, fille héritière de Raymond Béranger, marquis de Provence et comte de Provence et de Forcalquier, d'une part, et les Recteurs de la commune et université de la cité vicomtale de Marseille, au nom de ladite université et quelques personnes illustres de la même ville, d'autre part, ledit seigneur Comte, tant en son nom qu'en celui de sa femme, disait que les Recteurs de ladite ville n'avaient pas gardé l'accord fait entre eux au sujet de la paix et des conventions qu'ils avaient ensemble et que même ils avaient manqué en plusieurs chefs, notamment en ne pas acquittant les droits seigneuriaux et domaniaux qui lui étaient dus par ladite ville, lesquels droits il estimait s'élever à quarante mille livres Tournois; que les officiers de ladite avaient fait une très grande faute en empêchant l'acquittement desdits droits comme indus, ce qui devait les faire sévèrement punir et condamner à payer ces mêmes droits à lui et à sa femme. Que la 3e partie des biens de l'université devaient être confisqués en sa faveur ainsi qu'à celle de la comtesse, attendu que les Recteurs et les Syndics qui la gouvernaient avaient été cités et requis par la Cour d'Aix et le Sénéchal de Provence de venir répondre devant la Cour sur les demandes consignées dans les requêtes, ne voulurent pas obtempérer aux injonctions faites et qu'ils poussèrent le mépris non seulement jusqu'à ne pas tenir compte des peines qui lui furent infligées à cette occasion, mais encore de faire entrer mille hommes armés dans les ports de Toulon et de Bouc, lui appartenant, où ils prirent avec violence et conduisirent à Marseille les bâtiments chargés d'hommes et de bled qu'ils y trouvèrent; que le Sénéchal et la Cour de Provence ayant enjoint aux Marseillais de payer l'amende qu'ils avaient encouru à cette occasion ainsi qu'à restituer les choses saisies et mettre les hommes pris en liberté, ce qu'ils ne voulurent pas faire, le seigneur Comte prétendait alors, au nom que dessus, que les biens de la Communauté et de son district ainsi que ceux situés dans le comté de Provence étaient tombés en commise (1) en sa faveur ainsi qu'à celle de sa femme; il demandait, en conséquence, que la juridiction que la ville avait, que le gouvernement de la commune, que les revenus et les droits d'entrée, tant de terre que de mer d'icelle, lui étaient acquis. Ledit seigneur demandait, en outre, aux Marseillais cinquante mille livres d'or pour la peine à eux justement imposée, attendu qu'ils avaient méprisé les ordres qui avaient été donnés en son nom, indûment retenu ses revenus et empêché que la troisième partie des honneurs lui eût été rendue depuis la paix. Le seigneur Comte voulait aussi que ceux qui avaient envahi les ports de Toulon et de Bouc fussent renvoyés pardevant les officiers de la Cour d'Aix pour être punis ainsi que le cas le requérait. Le seigneur Comte insistait pour l'exécution de ces conditions, ce que la ville ne voulait point faire sauf le respect dudit seigneur ».

Les officiers chargés de porter les plaintes de

---

(1) Confiscation au profit du seigneur féodal.

Charles furent retenus. Le Comte irrité vient assiéger la ville. Avec l'appui de Boniface, seigneur de Castellane et de Riez et de tous ses alliés, la ville inattaquable du côté de la mer pouvait soutenir la lutte. Elle ne le voulut ou ne l'osa pas et le manifeste du Comte dont nous avons donné la première partie se termine ainsi :

Après plusieurs conférences entre les parties, le Conseil de la Communauté de Marseille et les Recteurs d'icelle ont jugé à propos d'établir Roolin, drapier, bourgeois de ladite ville, pour leur syndic procureur et agent, auprès du Comte de Provence, avec le pouvoir de traiter, au nom et pour l'université de Marseille, les articles de paix sur ce que dessus ainsi qu'il apparaissait de l'acte de procuration reçu par Me Alphand Bressier, notaire de Marseille et d'Arles. A cet acte pendait le sceau de la ville portant d'un côté une ville bâtie sur la mer et de l'autre Saint-Victor, patron de Marseille, a cheval et l'épée à la main.

MM. Guindon et Mery, dans leur histoire analytique de Marseille, ont donné copie de la procuration donnée à Roolin par les Recteurs, le Conseil général et les Chefs de métiers, et Ruffi, dans son histoire de Marseille, nous donne l'analyse du traité connu sous le nom *de chapitres de paix* que chacun des Comtes de Provence devait jurer d'observer à son avènement et que nous croyons devoir donner :

Premièrement, Roolin, drapier syndic et procureur spécial, au nom de la Communauté et des habitans, vent et accorde audit seigneur comte et à ladite comtesse, hoirs et successeurs au comté de Provence pour cause de transaction et par donation expresse qu'ils aient, tiennent et possèdent perpétuellement le domaine et la seigneurie de la ville vice comitale de Marseille et son terroir et tous les droits que ladite université peut avoir, tant en la ville par terroir et mers, qu'aux châteaux d'Yères et de Brégançon et enfin ailleurs en quelque part que ce soit de la province sous les réserves et conditions suivantes.

Et que pour cet effet le Viguier leur donnerait annuellement trois cent livres royales couronnées à trois hommes élus pour surveiller le port, plus une autre somme de cent livres.

Que tous les revenus et droits d'entrer de ladite ville appartiendraient auxdits seigneurs qui moïennant ce, seraient tenus de faire tous les frais et dépenses des ambassades et députations de la ville et de fournir et freter toutes les galeres et vaisseaux quelle armerait pour ce sujet.

Que les Princes et leurs successeurs établiroient annuellement et à perpétuité dans Marseille un Viguier affidé qui aurait le gouvernement et la direction de la ville.

Qu'il y aurait une cloche pour assembler le Conseil général.

Que les proclamations se feroient au nom du comte de Provence et du Viguier.

Que les cent chefs de Métiers seroient exclus à

perpétuité de l'entrée du Conseil ; qu'il n'y aurait plus de Recteur que le Viguier qui au commencement de sa charge en pleine assemblée jurerait de sen acquitter dignement; que pour cette année le seigneur comte nommerait pour juges Guillaume Chabert et Bernard de Mossiane, aussi bien que les Syndics, les Notaires et autres officiers, comme aussi les Conseillers de la Communauté qui étaient en exercice continueraient jusques au 1er de mai.

Que le Viguier élirait ses conseillers par l'avis et sentimens desquels il procéderait annuellement à l'élection de tous les officiers du Conseil général et secret selon le nombre accoutumé ; que ledit seigneur mettrait tous les ans un juge du Palais et deux juges des apellations tels que bon lui semblerait.

Que les juges, notaires et autres officiers de justice seraient originaires de la ville vice comitale, excepté le Viguier, le lieutenant du Viguier, le juge du Palais, les deux juges des apellations, les notaires et Clavaires de la Clavairie.

Que les salaires qui seraient dus aux juges et aux notaires seraient pris sur les revenus que le Comte avait dans la ville suivant la taxe qui en serait faite par le Viguier, par le juge et par deux prudhommes de la ville ; que les juges qui seraient élus annuellement par la Communauté auraient soixante livres de gage suivant la coutume.

Que tous les procès en première instance ou par apellation, de quelque nature qu'ils fussent, se termineraient dans la ville sans que les plaideurs puissent être distraits hors de ce ressort.

Que la monnaie, vulgairement appelée Marseilles, petite ou grande aurait cours à l'avenir comme elle avait eu par le passé et serait battue dans la vicomté de Marseille tant seulement; que le Comte commettra quelqu'un de la ville que aura le titre de mestre de la monnaie pour la surveillance.

Que les arbaletes que les vaisseaux étrangers abordant dans le port étaient obligés de donner à la ville lui appartiendraient pour sa défense et conservation; qu'on élirait chaque année deux prudhommes auxquels elles seraient données en garde et qui rendraient compte au Viguier.

Que les comtes de Provence et leurs officiers ne pourraient exiger du général ni du particulier de la ville aucune taille ni droit contre leur vouloir et consentement; que sils avaien tdessein d'obtenir quelque chose, ils useraient de prières et serait permis aux habitans de les refuser sans dommage ni aucune crainte.

Qu'on ferait choix tous les ans de six personnes parmi lesquelles il y aurait un docteur et un notaire pour faire de nouveaux statuts, changer, augmenter ou abréger ceux qui étaient déjà faits.

Que les habitans pourraient aller couper du bois, faire des fours à chaux et paitre leur bétail aux lieux accoutumés.

Qu'ils pourraient du consentement du Viguier faire treves et concordats avec les villes maritimes et y établir des Consuls pour le bien et intérêt de leur négoce.

Que les navires et galères porteraient l'étendard du seigneur Comte et de la Communauté, mais que celui dudit seigneur serait mis au lieu le plus honorable.

Que les Marseillais seraient francs dans le port du droit de l'adoub des navires, des vaisseaux et des galères, qu'ils en seraient point sujets aux droits de la táble de mer ni aux gabelles de chair salée, des suifs, des graisses, de l'huile et du miel.

Qu'on ne pourrait mettre à jamais aucune nouvelle imposition dans la ville ou dans son terroir.

Que les habitans pourraient faire apporter de tous les lieux de Provence des pièces de bois et autres marchandises sans païer aucun droit.

Qu'ils ne pourraient être recherchés en leurs biens de quelque façon qu'ils les possèdent.

Que le seigneur Comte et ses successeurs et leurs officiers ne souffriraient que le vin ou les raisins étrangers aient entrée en quelque temps que ce soit tant par mer que par terre dans la ville vice-comitale ou épiscopale et son terroir (sans toutefois comprendre dans cette défense les navires qui abordent dans le port avec sujet et qui ont quelque reste du vin qu'ils avaient pour la provision du voïage). Ledit seigneur Comte et sa maison sont aussi exceptés à condition qu'il n'est permis ni aux uns ni aux autres d'en vendre peu ou beaucoup.

Que Britto, Anselme son frère et Pierre Vetuli,

perturbateurs du repos public qui avaient porté la ville à deux doits de sa ruine et désolé plusieurs particuliers, seraient bannis de Marseille et de son terroir à perpétuité, avec défense d'en approcher de trois lieues sans espérance d'être jamais rétablis, qu'il serait permis de les offenser impunément en cas qu'ils fussent rencontrés aux lieux où il leur serait défendu de venir et de fréquenter. Que Guigo, père de Britto, serait pareillement banni pour autant de temps qu'il plairait au comte. Que Roolin Drapier retiendrait pour dot et pour le paiement des dettes de son beau-père la terre qu'il avait du chef de sa femme, fille de Guigo, dont les enfants seraient punis des mêmes que leur père ou autrement selon que le Viguier ou le Comte en ordonneraient.

Que le seigneur Comte et les siens conserveraient à perpétuité les personnes et les biens des Marseillais au même état qu'ils avaient jusques alors, même en ce qui était des prétentions des ecclésiastiques et en cas que ceux-ci ou même des séculiers voulussent exiger dans Marseille quelques droits contre l'usage et la coutume, qu'alors le dit seigneur, ses successeurs et officiers assisteraient et favoriseraient la ville pour tout leur pouvoir.

Que les murs de la ville vice-comitale et épiscopale ne seraient point démolis, mais demeureraient dans leur entier.

Qu'il serait néammoins permis aux habitans de la ville vice comitale de les agrandir, d'en bâtir de nouveaux et d'y faire des rempars et retranchemens du consentement toutefois dudit seigneur ou de son lieutenant.

Que le Comte et ses successeurs défendraient et assisteraient les Marseillais contre ceux qui les offenseraient, ainsi qu'un bon prince est obligé de protéger ses fidèles sujets.

Que les uns et les autres demeureraient déchargez de toutes les conventions et promesses qui avaient été faites entre'eux et Raymond Béranger.

Que le dit Comte et les siens seraient obligés à perpétuité de jurer d'observer les conditions de cet accord et pareillement les Viguiers à l'entrée de leur charge prêteraient le même serment et les habitans jureraient aussi de garder la coutume de ce traité et renouveleraient le serment de cinq ans en cinq ans.

Par cette capitulation qui porte dans l'histore le nom de *chapitres de Paix*, les Marseillais conservaient quelques-uns de leurs privilèges et le bénéfice de leur important commerce, mais la ville était incorporée au grand fief de Provence, le Comte dominait ses institutions par la nomination du Viguier et des juges ; l'institution républicaine des cent Chefs de métiers disparaissait et le Comte promettait sa protection *à ses sujets*. La République, la seule République qui eût existé en France avant 1789, n'osait même plus prendre ce nom et laissait condamner comme perturbateurs du repos public les trois hommes qui avaient osé proposer de défendre l'indépendance de la commune.

Charles d'Anjou, non content de cette soumission, obtint encore de l'évêque Benoit d'Alignano la soumission de la ville haute épiscopale.

Les chapitres de Paix avaient été signés à Aix dans le pré du seigneur, et quelque temps après Charles et Béatrix, sa femme, étant venus à Marseille, ratifièrent cette convention devant le Conseil général assemblé au cimetière des Accoules. Mais tout n'était pas fini ; les officiers que le Comte avait établis maltraitèrent les Marseillais en diverses rencontres, en telle sorte que cela donna lieu à de nouveaux différends qui nécessitèrent une troisième convention.

Par l'entremise du fils puîné du roi d'Aragon et la ville de Montpellier, le Comte de Provence se laissa fléchir et s'il usa de pardon et de clémence vis-à-vis des particuliers, il profita de l'occasion pour imposer les accords suivants :

Que les Marseillais remettraient leur ville et le château de Saint-Marcel sous la puissance de Charles et de Béatrix, sa femme, pour en jouir paisiblement et de la même façon qu'ils faisaient auparavant.

Que la précédente convention seroit entretenue en tous ses chefs, excepté en ceux auxquels il serait dérogé par le présent traité.

Que les forteresses qu'ils avaient bâties aux confins de leurs terres seraient rasées et leur fossés comblés et que néammoins les bois et merrein qui proviendraient de cette démolition leur demeureraient pour en païer leurs dettes ou pour la construction de leurs aqueducs.

Que pour cette faute ils se dessaisiroient de toutes les arbaletes et les mettroient entre les mains du Comte.

Que nonobstant l'article contenu dans la dernière convention et par laquelle les Juifs habitans dans Marseille seraient exempts de toute contribution, néammoins il serait permis au seigneur Comte par ce traité d'exiger d'eux tout ce que bon lui semblerait.

Qu'ils promettroient de païer au Comte et à la Comtesse 3000 livres tournois pour les indemniser des rentes qu'ils auraient pu exiger dans Marseille depuis le commencement de cette guerre.

Que tous les meubles qu'ils avaient pris au château de St Marcel seraient rendus.

Qu'on rendrait tout ce qui avait été pris et qu'en cas d'insolvabilité la ville serait responsable.

Que Philippe Anselme et son frère Raymond Gantelmi, qui n'avaient point eu de part aux troubles, seraient rétablis dans tous leurs bien meubles et immeubles.

Que les Marseillais rentreraient dans tous les biens qu'ils possédaient en Provence.

Qu'il serait permis à Guigo Anselme de demeurer à Marseille ; que les bannis pour avoir suivi le parti de Britto reviendraient et seraient rétablis dans leurs biens, que Guigo Anselme recouvrerait les immeubles de Britto, son frère, et que tous les prisonniers de quelque part qu'ils fussent seraient rendus.

Boniface de Castellane, le fidèle allié de Marseille, perdit ses états et fut exilé; la ville perdit ses défenses et fut désarmée.

Dès lors, Charles d'Anjou put sans crainte se livrer à tous ses projets d'ambition; il n'avait plus en Provence que des sujets; l'esprit démocratique et républicain avait disparu; il ne laissait derrière lui *que des sujets soumis*.

Montpellier. — Impr. Serre et Roumégous, rue Vieille-Intendance.

www.ingramcontent.com/pod-product-compliance
Ingram Content Group UK Ltd.
Pitfield, Milton Keynes, MK11 3LW, UK
UKHW021151220726
13924UKWH00003B/1102

9 782019 938260